Fiestas
de invierno

Julie Murray

Abdo Kids Junior es una
subdivisión de Abdo Kids
abdobooks.com

LAS ESTACIONES:
¡LLEGA EL INVIERNO!

abdobooks.com

Published by Abdo Kids, a division of ABDO, P.O. Box 398166, Minneapolis, Minnesota 55439. Copyright © 2024 by Abdo Consulting Group, Inc. International copyrights reserved in all countries. No part of this book may be reproduced in any form without written permission from the publisher. Abdo Kids Junior™ is a trademark and logo of Abdo Kids.

102023

012024

Spanish Translator: Maria Puchol

Photo Credits: Getty Images, iStock, Shutterstock, ©Scott Ableman p19 / CC BY-NC-ND 2.0

Production Contributors: Teddy Borth, Jennie Forsberg, Grace Hansen

Design Contributors: Candice Keimig, Pakou Moua

Library of Congress Control Number: 2023939984

Publisher's Cataloging-in-Publication Data

Names: Murray, Julie, author.

Title: Fiestas de invierno/ by Julie Murray

Other title: Winter holidays. Spanish

Description: Minneapolis, Minnesota: Abdo Kids, 2024. | Series: Las estaciones: ¡Llega el invierno! | Includes online resources and index

Identifiers: ISBN 9781098269784 (lib.bdg.) | ISBN 9798384900344 (ebook)

Subjects: LCSH: Winter--Juvenile literature. | Holidays--Juvenile literature. | Winter festivals--Juvenile literature. | Seasons--Juvenile literature. | Spanish Language Materials--Juvenile literature.

Classification: DDC 525.5--dc23

Contenido

Fiestas de invierno. . . .4

Más fiestas
de invierno 22

Glosario 23

Índice. 24

Código Abdo Kids . . .24

Fiestas de invierno

El invierno ya está aquí.

¡A celebrarlo!

Ben come un postre especial.

¡Es Hanukkah!

Susana abre un regalo.

¡Es Navidad!

Ana enciende una vela.

¡Es Kwanzaa!

Lyle lleva un gorro.

¡Es el Día de Año Nuevo!

Milo ayuda en su vecindario. ¡Es el Día de Martin Luther King Jr.!

Cleo hace una tarjeta.

¡Es el Día de San Valentín!

Fred va a visitar a Lincoln.

¡Es el Día de los Presidentes!

¿Qué fiestas de invierno celebras tú?

Más fiestas de invierno

el Año Nuevo chino

el Día de la Marmota

las Posadas

el Solsticio de invierno

Glosario

Hanukkah

festividad judía celebrada en diciembre durante ocho días, en la que se enciende una vela especial cada noche.

Kwanzaa

festividad afroamericana celebrada en diciembre, en la que se celebra a la familia, la comunidad y la cultura.

Navidad

festividad cristiana en la que se celebra el nacimiento de Jesucristo.

Índice

Año Nuevo 12

Día de los Presidentes 18

Día de Martin Luther King Jr. 14

Hanukkah 6

Kwuanzaa 10

Navidad 8

San Valentín 16

¡Visita nuestra página **abdokids.com** y usa este código para tener acceso a juegos, manualidades, videos y mucho más!

Los recursos de internet están en inglés.

Usa este código Abdo Kids

SWK7090

¡o escanea este código QR!